Impressum
Verlag: BABADADA GmbH, Nedderfeld 112 , 22529 Hamburg
Geschäftsführer / Verlagsleitung: Harald Hof
Druck: Books on Demand GmbH, In de Tarpen 42, 22848 Norderstedt

Imprint
Publisher: BABADADA GmbH, Nedderfeld 112 , 22529 Hamburg, Germany
Managing Director / Publishing direction: Harald Hof
Print: Books on Demand GmbH, In de Tarpen 42, 22848 Norderstedt

1

škola
el colegio

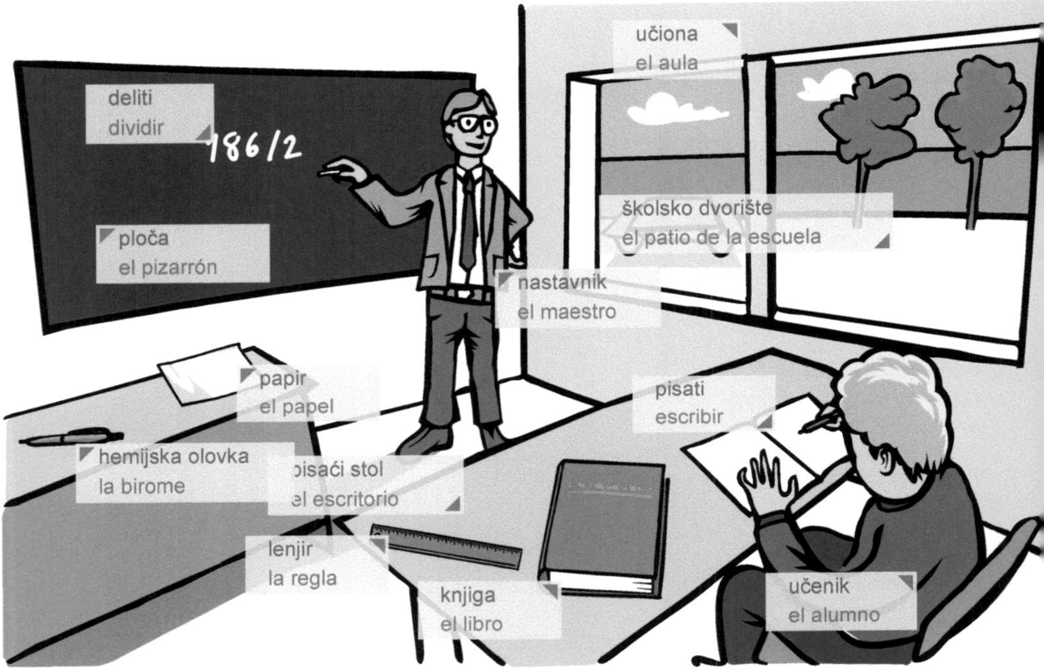

deliti
dividir
186/2
ploča
el pizarrón
učiona
el aula
školsko dvorište
el patio de la escuela
nastavnik
el maestro
papir
el papel
pisati
escribir
hemijska olovka
la birome
pisaći stol
el escritorio
lenjir
la regla
knjiga
el libro
učenik
el alumno

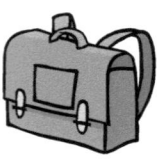

torba

la mochila

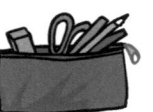

pernica

la caja de lápices

grafitna olovka

el lápiz

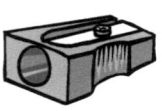

šiljilo za olovke

el sacapuntas

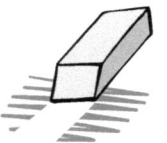

gumica za brisanje

la goma (de borrar)

blok za crtanje

el bloc de dibujo

crtež

el dibujo

kist

el pincel

kutija sa bojama

la caja de pinturas

makaze

la tijera

lepilo

el pegamento

beležnica

el cuaderno de ejercicios

domaći zadatak

la tarea

broj

el número

2+2

sabirati

sumar

5-2

oduzimati

restar

množiti

multiplicar

računati

calcular

A

slovo

la letra

ABCDEFG
HIJKLMN
OPQRSTU
VWXYZ

abeceda

el abecedario

reč

la palabra

tekst

el texto

čitati

leer

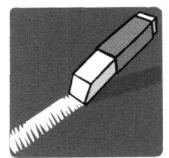

kreda

la tiza

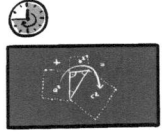

čas

la lección

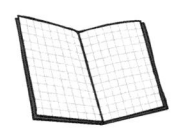

dnevnik

el cuaderno de clase

ispit

el examen

svedočanstvo

el certificado

školska uniforma

el uniforme escolar

obrazovanje

la educación

leksikon

la enciclopedia

univerzitet

la universidad

mikroskop

el microscopio

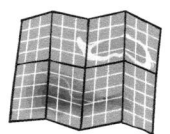

karta

el mapa

košara za papir

el tacho (de basura)

putovanje
el viaje

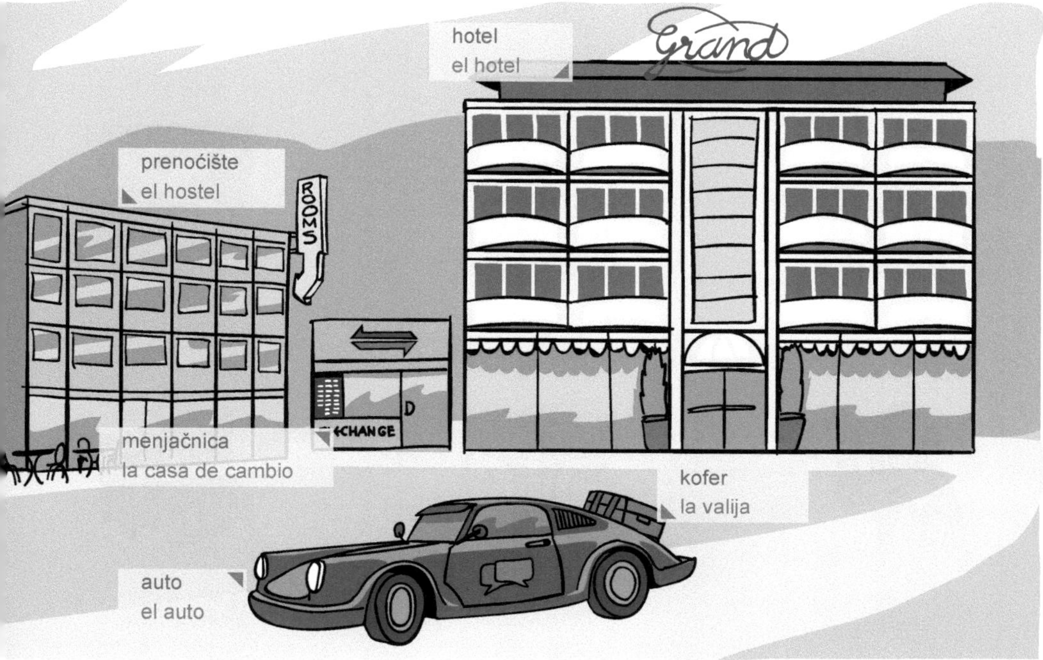
hotel
el hotel
Grand
prenoćište
el hostel
ROOMS
EXCHANGE
menjačnica
la casa de cambio
kofer
la valija
auto
el auto

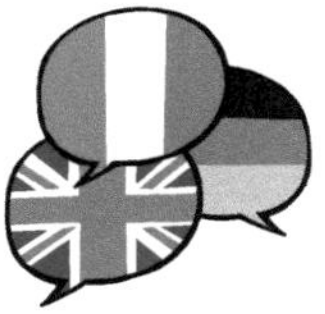

jezik

el idioma

da / ne

sí / no

okej

Está bien

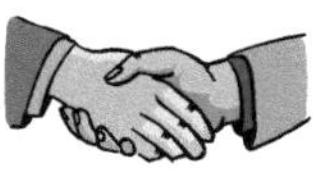

zdravo

hola

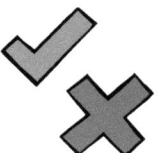

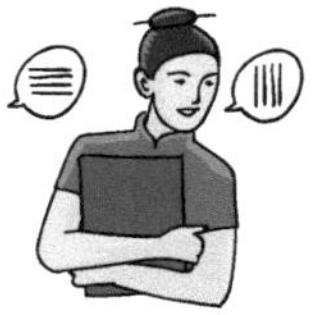

prevodilac

el traductor

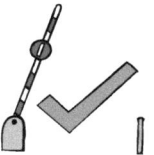

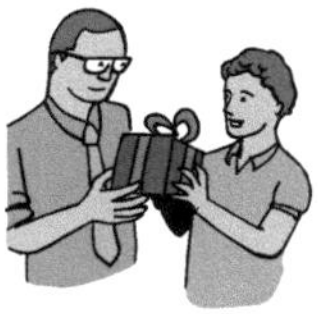

hvala

Gracias

Koliko košta...?

¿cuánto cuesta...?

ne razumem

No entiendo

problem

el problema

dobro veče!

¡Buenas tardes!

Dobro jutro!

¡Buenos días!

Laku noć!

¡Buenas noches!

doviđenja

el adiós

smer

la dirección

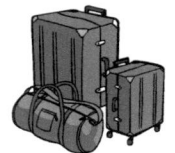

prtljaga

el equipaje

torba

el bolso

ruksak

la mochila

gost

el invitado

soba

la habitación

vreća za spavanje

la bolsa de dormir

šator

la carpa

turističke informacije

la información turística

plaža

la playa

kreditna kartica

la tarjeta de crédito

doručak

el desayuno

ručak

el almuerzo

večera

la cena

karta za vožnju

el pasaje

lift

el ascensor

poštanska markica

el sello

granica

la frontera

carina

la aduana

ambasada

la embajada

viza

la visa

pasoš

el pasaporte

transport

el transporte

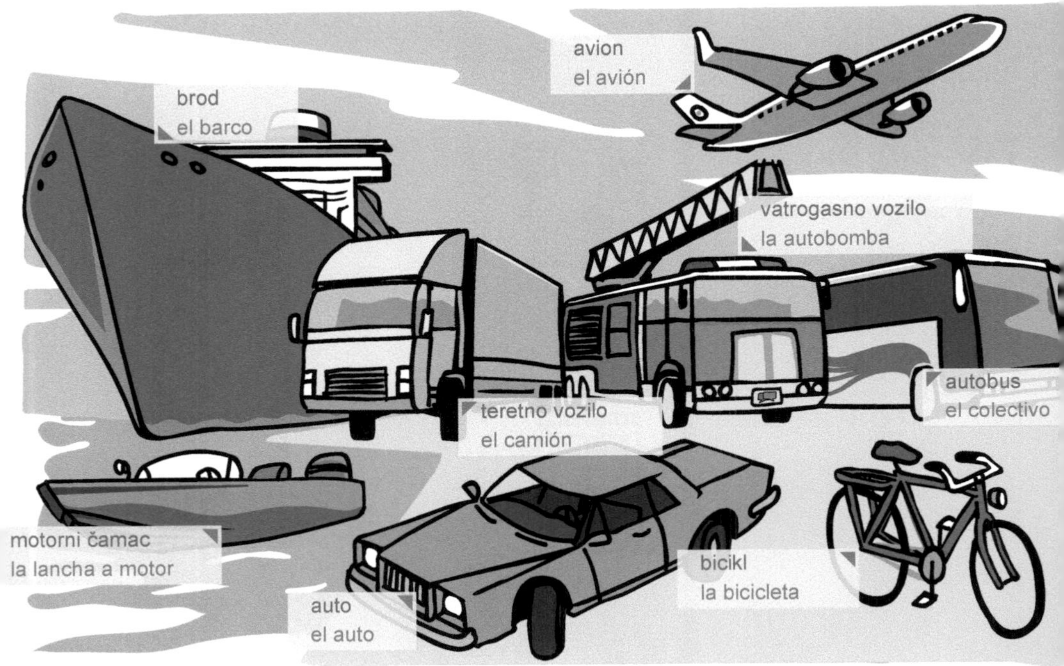
avion
el avión
brod
el barco
vatrogasno vozilo
la autobomba
autobus
el colectivo
teretno vozilo
el camión
motorni čamac
la lancha a motor
bicikl
la bicicleta
auto
el auto

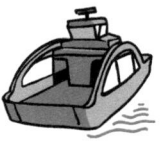

trajekt

el ferry

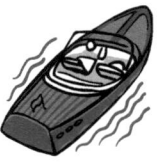

čamac

el bote

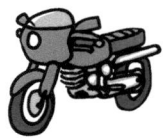

motocikl

la moto

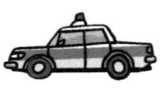

policijski auto

el patrullero

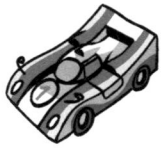

trkaći auto

el auto de carreras

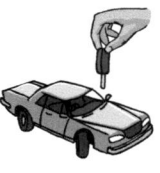

iznajmljeno auto

el auto de alquiler

delenje automobila

el alquiler de autos

vučno vozilo

la grúa

vozilo za odvoz smeća

el camión de la basura

motor

el motor

benzin

la nafta

benzinska stanica

la estación de servicio

saobraćajni znak

la señal de tránsito

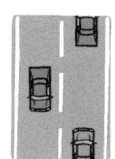

saobraćaj

el tránsito

zastoj

el embotellamiento

parkiralište

el estacionamiento

železnička stanica

la estación de tren

šine

las vías

voz

el tren

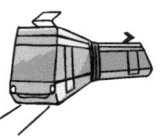

tramvaj

el tranvía

vagon

el vagón

helikopter

el helicóptero

aerodrom

el aeropuerto

kula

la torre

putnik

el pasajero

kontejner

el contenedor

karton

la caja de cartón

kolica

la carretilla

korpa

la canasta

uzleteti / sleteti

despegar / aterrizar

grad
la ciudad

selo

el pueblo

centar grada

el centro de la ciudad

kuća

la casa

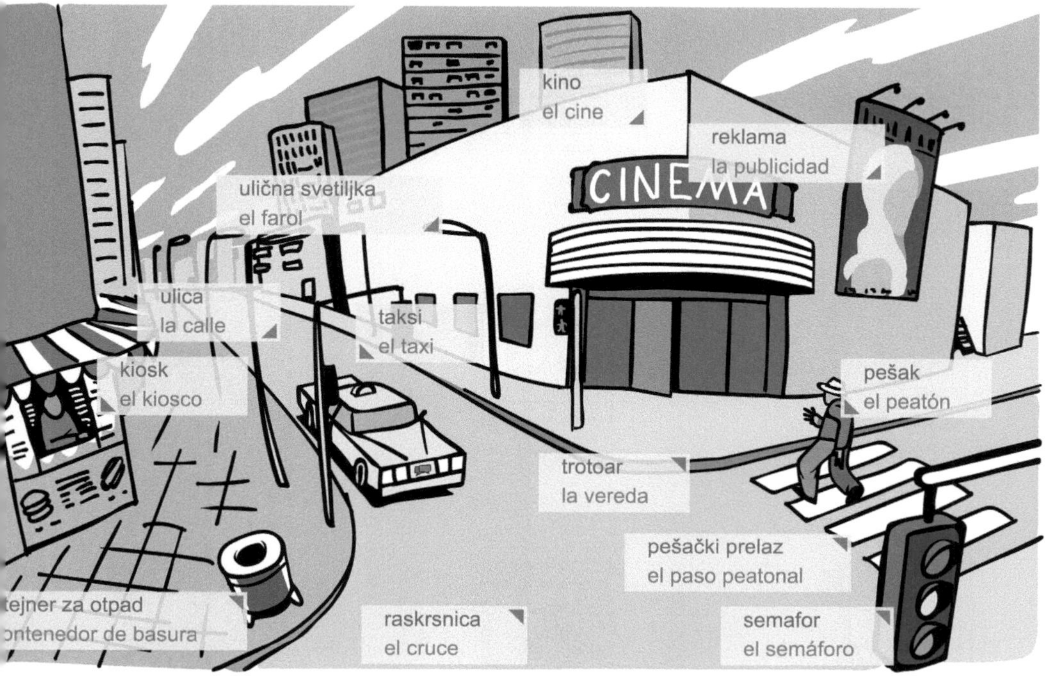

kino
el cine

reklama
la publicidad

ulična svetiljka
el farol

CINEMA

ulica
la calle

taksi
el taxi

kiosk
el kiosco

pešak
el peatón

trotoar
la vereda

pešački prelaz
el paso peatonal

tejner za otpad
ontenedor de basura

raskrsnica
el cruce

semafor
el semáforo

koliba
....
la cabaña

stan
....
el departamento

železnička stanica
....
la estación de tren

većnica
....
la municipalidad

muzej
....
el museo

škola
....
el colegio

grad - la ciudad

11

univerzitet

la universidad

banka

el banco

bolnica

el hospital

hotel

el hotel

apoteka

la farmacia

kancelarija

la oficina

knjižara

la librería

prodavnica

el negocio

cvećara

la florería

supermarket

el supermercado

trg

el mercado

robna kuća

las grandes tiendas

ribarnica

la pescadería

trgovački centar

el centro comercial

luka

el puerto

grad - la ciudad

park
el parque

klupa
el banco

most
el puente

stepenice
las escaleras

podzemna železnica
el subte

tunel
el túnel

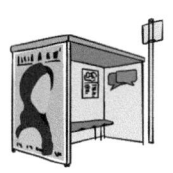

autobuska stanica
la parada del colectivo

bar
el bar

restoran
el restaurante

poštansko sanduče
el buzón

ulični znak
el letrero

parkirni automat
el parquímetro

zoološki vrt
el zoológico

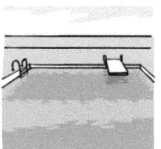

bazen
la pileta

džamija
la mezquita

seosko gazdinstvo
la granja

zagađenje okoline
la contaminación

groblje
el cementerio

crkva
la iglesia

igralište
los juegos infantiles

hram
el templo

pejsaž
el paisaje

list
la hoja

putokaz
el poste indicador

put
el camino

livada
la pradera

kamen
la piedra

drvo
el árbol

šetač
el excursionista

reka
el río

trava
la hierba

cvijet
la flor

dolina
el valle

planina
la montaña

jezero
el lago

šuma
el bosque

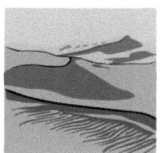

pustinja
el desierto

vulkan
el volcán

dvorac
el castillo

duga
el arco iris

gljiva
el champiñón

palma
la palmera

moskito
el mosquito

muva
la mosca

mrav
la hormiga

pčela
la abeja

pauk
la araña

buba

el escarabajo

žaba

la rana

veverica

la ardilla

jež

el erizo

zec

la liebre

sova

la lechuza

ptica

el pájaro

labud

el cisne

divlja svinja

el jabalí

jelen

el ciervo

los

el alce

nasip

la presa

vetrenjača

el aerogenerador

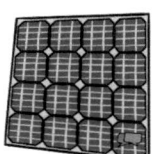

solarna ploča

el panel solar

klima

el clima

restoran

el restaurante

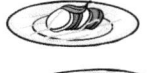

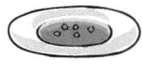

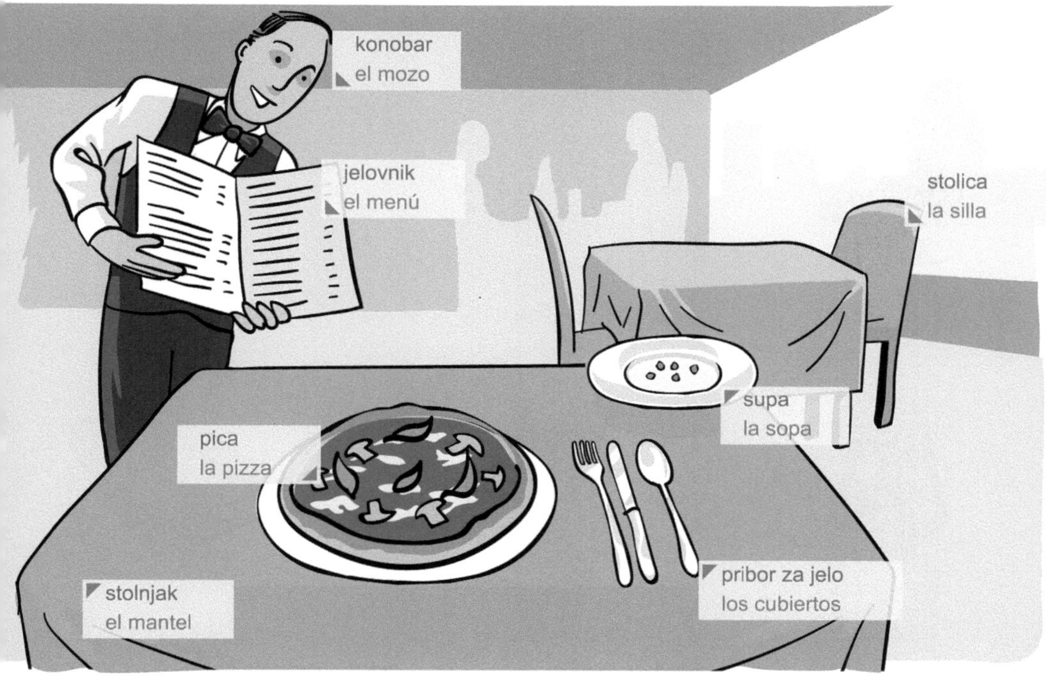
konobar
el mozo
jelovnik
el menú
stolica
la silla
supa
la sopa
pica
la pizza
pribor za jelo
los cubiertos
stolnjak
el mantel

predjelo

la entrada

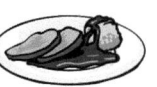

glavno jelo

el plato principal

desert

el postre

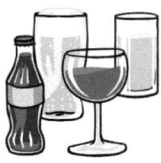

napitci

las bebidas

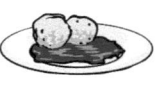

jelo

la comida

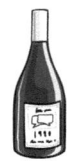

flaša

la botella

brza hrana

la comida rápida

imbis hrana

la comida callejera

čajnik

la tetera

doza za šećer

la azucarera

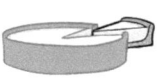

porcija

la porción

aparat za espresso

la cafetera expreso

visoka stolica

la sillita alta

račun

la cuenta

poslužavnik

la bandeja

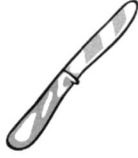

nož

el cuchillo

viljuška

el tenedor

kašika

la cuchara

čajna kašika

la cucharita

salveta

la servilleta

čaša

el vaso

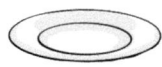

tanjir

el plato

tanjir za supu

el plato hondo

tanjirić

el plato

sos

la salsa

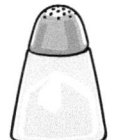

soljenka

el salero

mlin za biber

el molinillo de pimienta

sirće

el vinagre

ulje

el aceite

začini

las especias

kečap

el kétchup

senf

la mostaza

majoneza

la mayonesa

supermarket

el supermercado

ponuda
la oferta especial
FOR
kupac
el cliente
mlečni proizvodi
los lácteos
voće
la fruta
kolica za kupovinu
el changuito

BUTCHERS

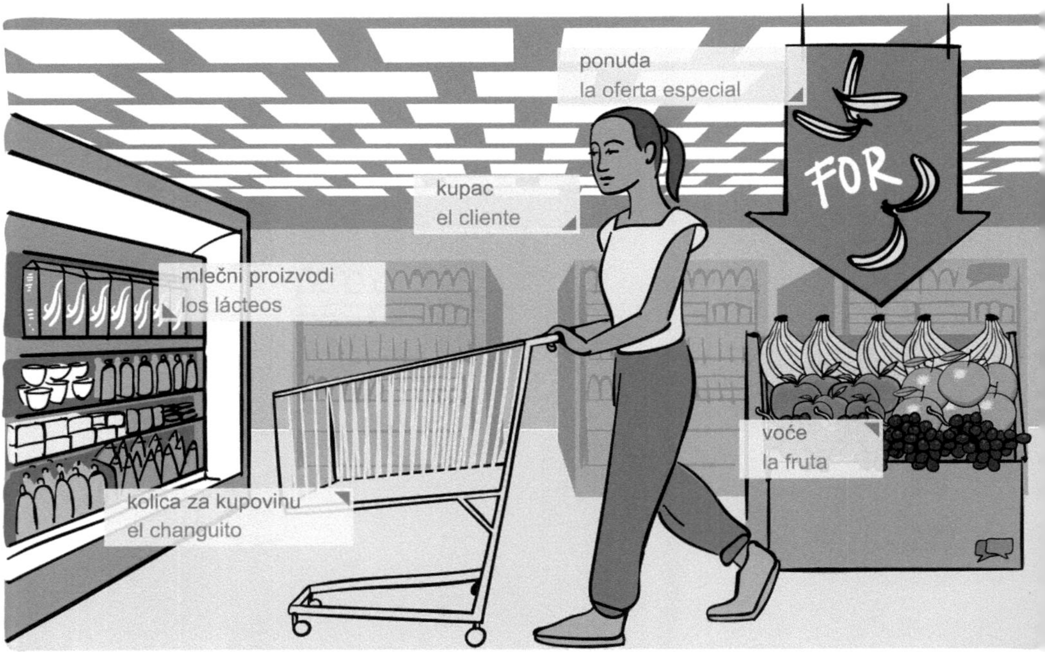

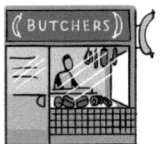

mesnica

la carnicería

BAKERY

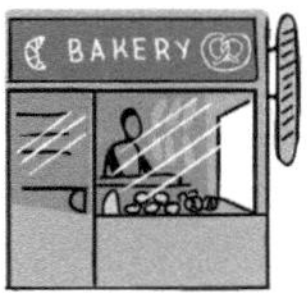

pekara

la panadería

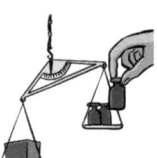

vagati

pesar

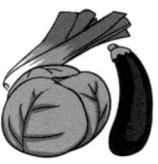

povrće

las verduras

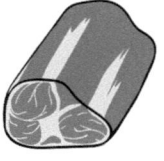

meso

la carne

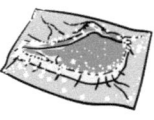

smrznuta hrana

los alimentos congelados

narezak
los fiambres

konzerve
los alimentos enlatados

sredstvo za pranje
el detergente en polvo

slatkiši
las golosinas

artikli za domaćinstvo
los electrodomésticos

sredstva za čišćenje
los productos de limpieza

prodavačica
la vendedora

blagajna
la caja

blagajnik
el cajero

lista za kupovinu
la lista de compras

vreme rada
el horario de atención

novčanik
la billetera

kreditna kartica
la tarjeta de crédito

torba
la cartera

plastična kesa
la bolsa de plástico

voda

el agua

sok

el jugo

mleko

la leche

kola

la bebida cola

vino

el vino

pivo

la cerveza

alkohol

el alcohol

kakao

el cacao

čaj

el té

kava

el café

espresso

el café expreso

cappuccino

el cappuccino

banana

la banana

jabuka

la manzana

narandža

la naranja

lubenica

el melón

limun

el limón

šargarepa

la zanahoria

beli luk

el ajo

bambus

el bambú

luk

la cebolla

gljiva

el champiñón

orašasti plodovi

las nueces

rezanci

los fideos

špagete

los tallarines

riža

el arroz

salata

la ensalada

pomfrit

las papas fritas

pečeni krumpir

las papas fritas

pica

la pizza

hamburger

la hamburguesa

sendvič

el sándwich

šnicla

el churrasco

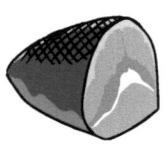

šunka

el jamón

salama

el salame

kobasica

la salchicha

kokoš

el pollo

pečenje

el asado

riba

el pescado

zobene pahuljice

los copos de avena

musli

el muesli

kukuruzne pahuljice

los copos de maíz

brašno

la harina

kroasan

la medialuna

pecivo

el pancito

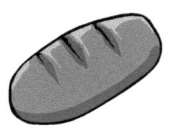

hleb

el pan

toast

la tostada

keksi

las galletitas

maslac

la manteca

sveži sir

la cuajada

kolač

la torta

jaje

el huevo

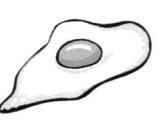

jaje na oko

el huevo frito

sir

el queso

sladoled

el helado

šećer

el azúcar

med

la miel

marmelada

la mermelada

nugat krema

la pasta de chocolate

kari

el curry

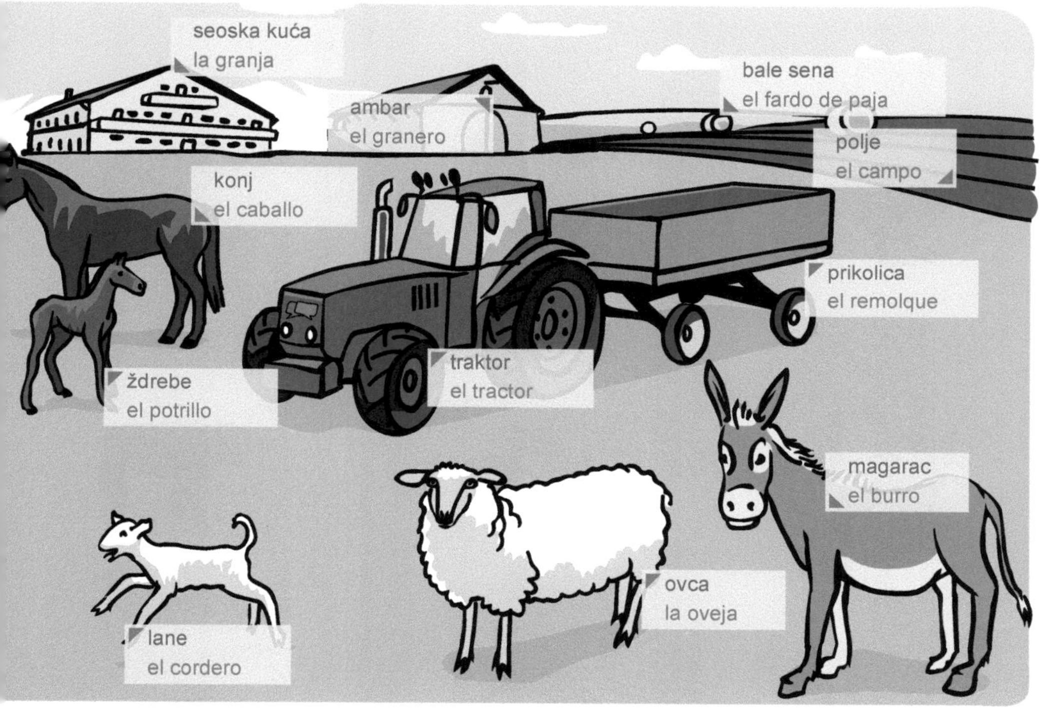

seoska kuća
la granja

ambar
el granero

bale sena
el fardo de paja

polje
el campo

konj
el caballo

prikolica
el remolque

traktor
el tractor

ždrebe
el potrillo

magarac
el burro

ovca
la oveja

lane
el cordero

koza

la cabra

krava

la vaca

tele

el ternero

svinja

el cerdo

prase

el lechón

bik

el toro

guska

el ganso

patka

el pato

pilići

el pollo

kokoš

la gallina

petao

el gallo

pacov

la rata

mačka

el gato

miš

el ratón

vol

el buey

pas

el perro

kućica za psa

la cucha

vrtno crevo

la manguera

kanta za polivanje

la regadera

kosa

la guadaña

plug

el arado

srp
la hoz

motika
la azada

viljuška za đubrivo
la horquilla

sekira
el hacha

tačke
la carretilla

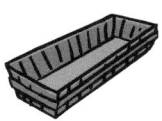

korito
el abrevadero

posuda za mleko
la lechera

vreća
la bolsa

ograda
la reja

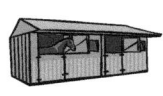

štala
el establo

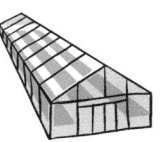

staklenik
el invernadero

zemlja
el suelo

seme
la semilla

đubrivo
el fertilizador

kombajn
la cosechadora

žeti

cosechar

žetva

la cosecha

jams začin

las batatas

pšenica

el trigo

soja

la soja

krumpir

la papa

kukuruz

el maíz

uljana repica

la semilla de colza

voćka

el árbol frutal

gomolj manioke

la mandioca

žitarice

los cereales

kuća
la casa

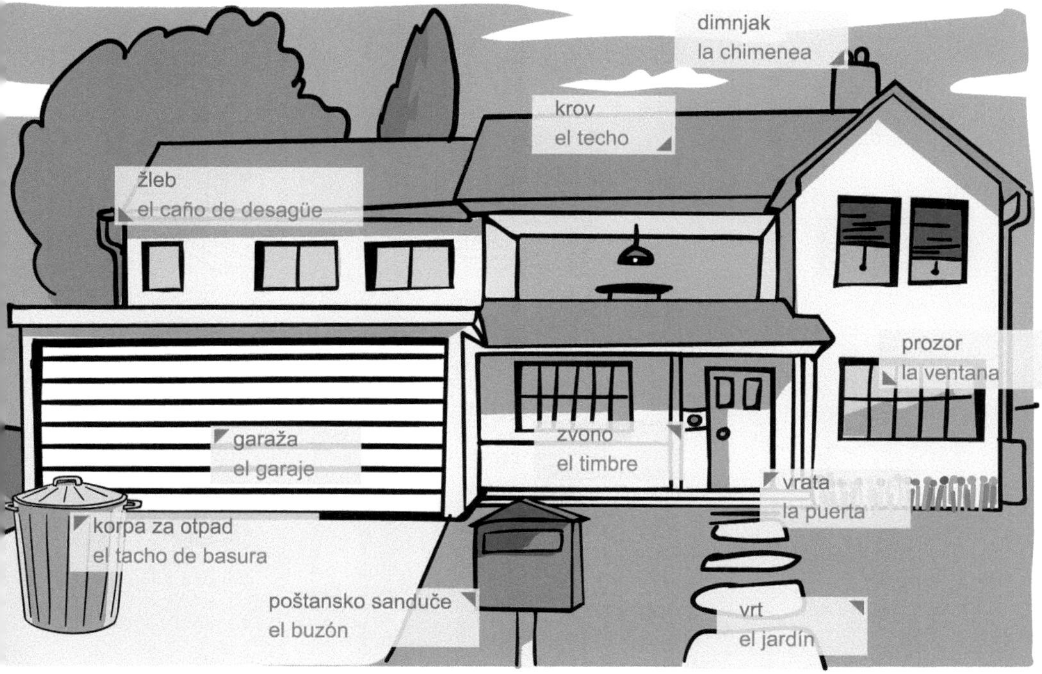
dimnjak
la chimenea
krov
el techo
žleb
el caño de desagüe
prozor
la ventana
garaža
el garaje
zvono
el timbre
vrata
la puerta
korpa za otpad
el tacho de basura
poštansko sandučе
el buzón
vrt
el jardín

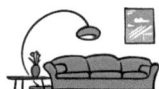

dnevna soba

el living

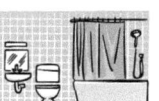

kupaonica

el baño

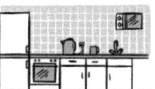

kuhinja

la cocina

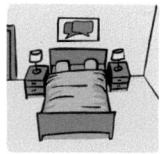

spavaća soba

el dormitorio

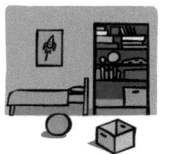

dečija soba

el cuarto de los chicos

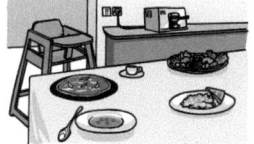

trpezarija

el comedor

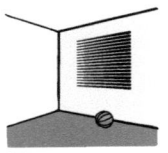

pod
....
el piso

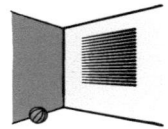

zid
....
la pared

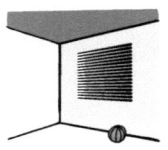

strop
....
el cielorraso

podrum
....
el sótano

sauna
....
el sauna

balkon
....
el balcón

terasa
....
la terraza

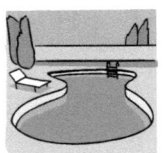

bazen
....
la pileta

kosilica za travu
....
la cortadora de pasto

posteljina za krevet
....
la sábana

deka za krevet
....
el acolchado

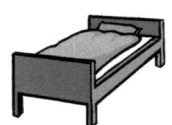

krevet
....
la cama

metla
....
la escoba

kanta
....
el balde

prekidač
....
el interruptor

dnevna soba

el living

tapeta
el empapelado
slika
la imagen
svetiljka
la lámpara
regal
el estante
ormar
el armario
televizija
la televisión
kamin
la chimenea
cvijet
la flor
jastuk
el almohadón
kauč
el sofá
vaza
el florero
daljinski upravljač
el control remoto

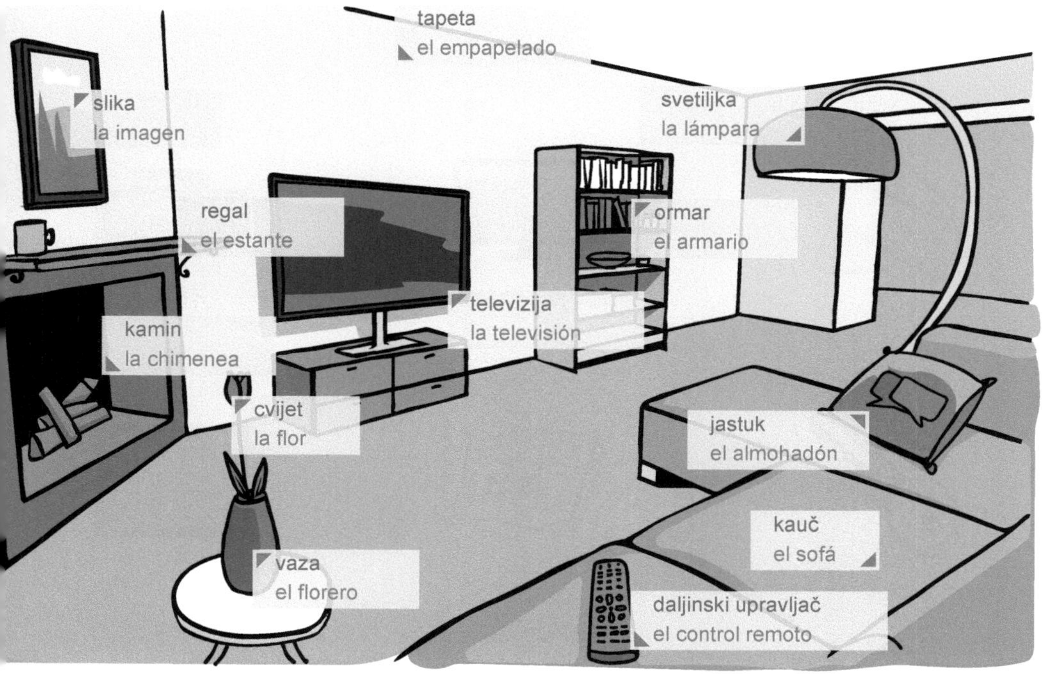

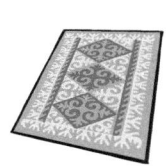

tepih

la alfombra

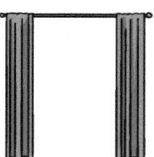

zavesa

la cortina

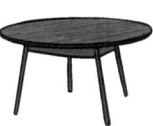

sto

la mesa

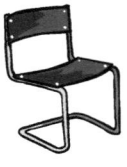

stolica

la silla

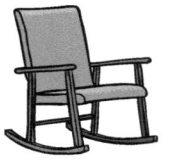

stolica za njihanje

la mecedora

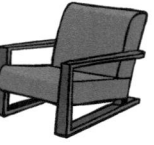

fotelja

el sillón

knjiga
el libro

deka
la frazada

dekoracija
la decoración

drvo za ogrev
la leña

film
la película

hi-fi uređaj
el equipo de música

ključ
la llave

novine
el diario

slika na platnu
la pintura

poster
el póster

radio
la radio

blok za pisanje
el cuaderno

usisivač
la aspiradora

kaktus
el cactus

sveća
la vela

kuhinja
la cocina

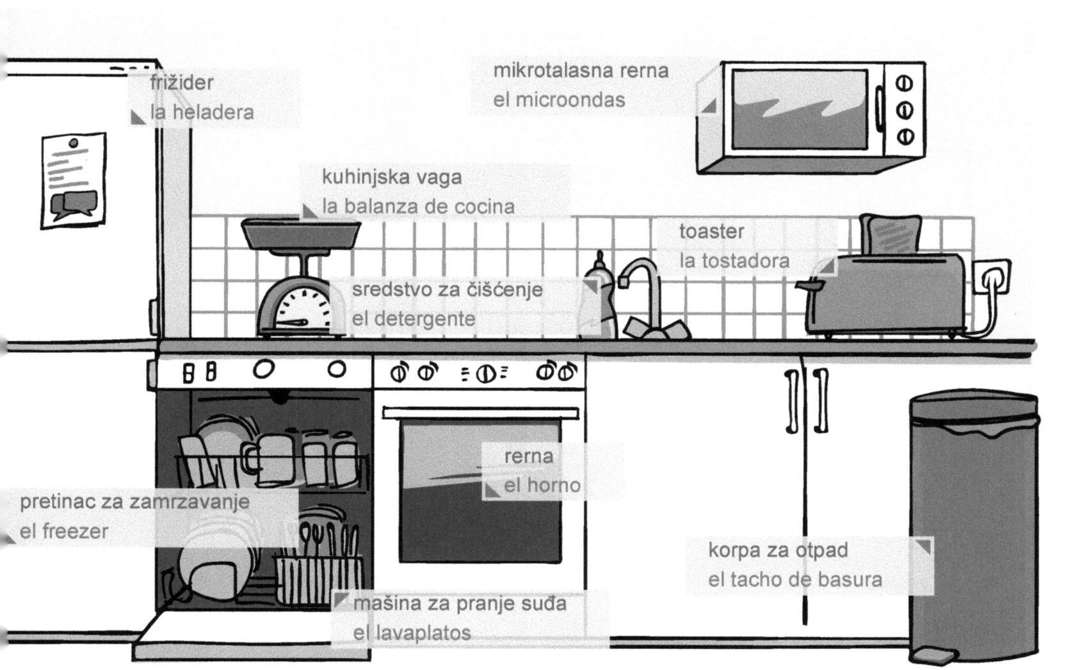

frižider
la heladera
mikrotalasna rerna
el microondas
kuhinjska vaga
la balanza de cocina
toaster
la tostadora
sredstvo za čišćenje
el detergente
rerna
el horno
pretinac za zamrzavanje
el freezer
korpa za otpad
el tacho de basura
mašina za pranje suđa
el lavaplatos

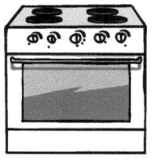

šporet

la cocina

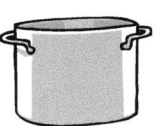

lonac

la olla

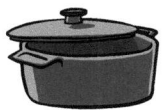

gvozdeni lonac

la olla de hierro fundido

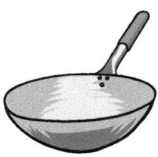

wok / kadai

el wok

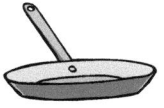

tava

la sartén

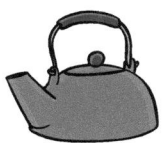

kuvalo za vodu

la pava

kuvalo na paru

la vaporera

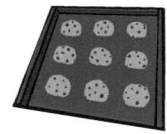

lim za pečenje

la bandeja de horno

posuđe

la vajilla

čaša

la taza

posuda

el bol

štapići za jelo

los palitos

kutlača

el cucharón

lopatica

la espátula

penjača

la batidora

sito za kuvanje

el colador

sito

el colador

ribež

el rallador

mužar

el mortero

roštilj

la parrilla

ognjište

la fogata

daska

la tabla de picar

oklagija

el palo de amasar

vadičep

el sacacorchos

konzerva

la lata

otvarač konzervi

el abrelatas

krpa za lonac

la manopla

sudoper

la pileta

četka

el cepillo

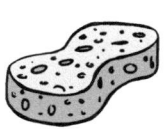

sunđer

la esponja

mikser

la batidora

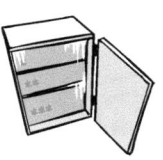

zamrzivač

el congelador

flašica za bebe

la mamadera

slavina za vodu

la canilla

kupaonica
el baño

grejanje
la calefacción
peškir
la toalla
tuš
la ducha
zavesa za tuš
la cortina de la ducha
penušava kupka
el baño de espuma
kada
la bañadera
čaša
el vaso
mašina za pranje veša
el lavarropas
slavina za vodu
la canilla
pločice
las baldosas
tuta
la pelela
sudoper
la pileta

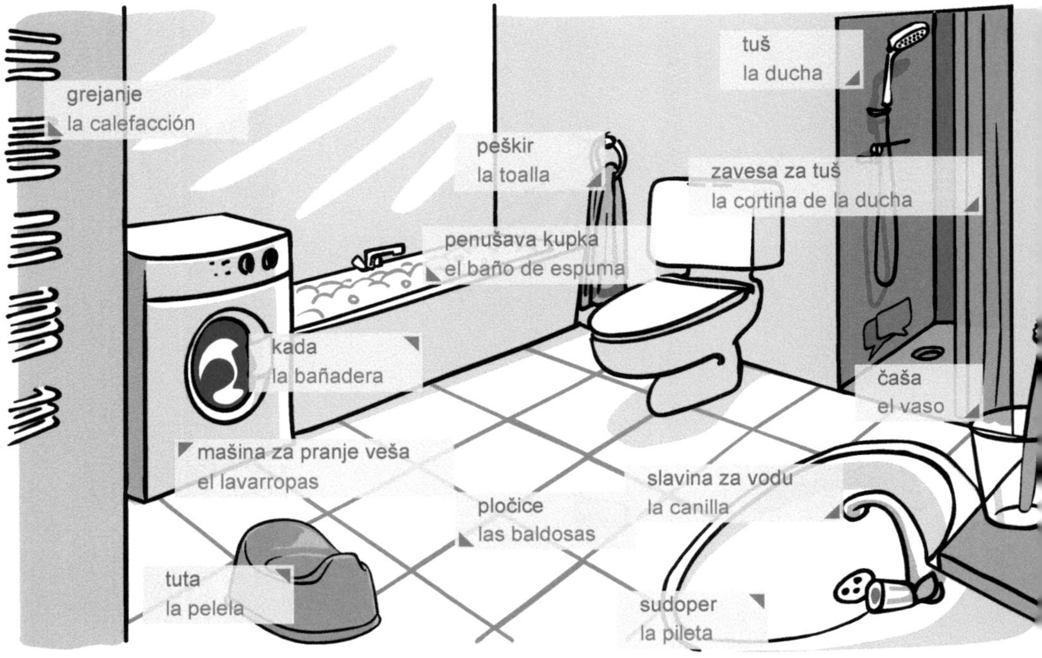

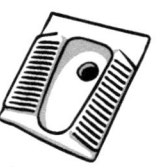

toalet

el inodoro

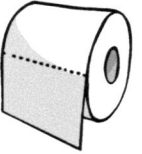

čučavac

la letrina

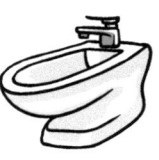

bidet

el bidé

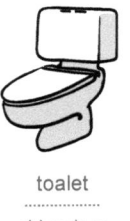

pisoar

el mingitorio

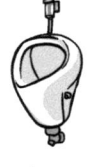

toaletni papir

el papel higiénico

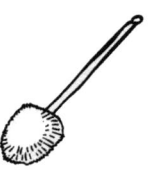

četka za toalet

el cepillo para el inodoro

četkica za zube

el cepillo de dientes

pasta za zube

el dentífrico

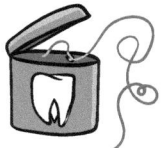

konac za zube

el hilo dental

prati

lavar

tuš ručica

la ducha de mano

tuš za pranje intimnih delova

la ducha higiénica

lavor

la palangana

četka za pranje leđa

el cepillo para la espalda

sapun

el jabón

gel za tuširanje

el gel de ducha

šampon

el shampoo

krpa za pranje

la toallita

odvod

el desagüe

krema

la crema

dezodorans

el desodorante

ogledalo

el espejo

kozmetičko ogledalo

el espejito

brijač

la maquinita de afeitar

pena za brijanje

la espuma de afeitar

losion za posle brijanja

el aftershave

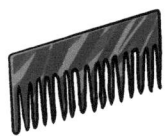

češalj

el peine

četka

el cepillo

fen za kosu

el secador de pelo

sprej za kosu

el spray

makeup

el maquillaje

ruž za usne

el lápiz de labios

lak za nokte

el esmalte para uñas

vata

el algodón

makaze za nokte

la tijera para uñas

parfem

el perfume

kozmetička torbica

el portacosméticos

stolica

la banqueta

vaga

la balanza

ogrtač

la bata

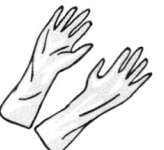

rukavice za čišćenje

los guantes de goma

tampon

el tampón

uložak

la toallita femenina

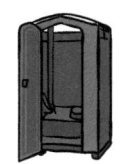

hemijski toalet

el baño químico

dečija soba

el cuarto de los chicos

budilnik
el despertador
plišana igračka
el peluche
auto igračka
el coche de juguete
zvečka
el sonajero
kućica za lutke
la casa de muñecas
poklon
el regalo

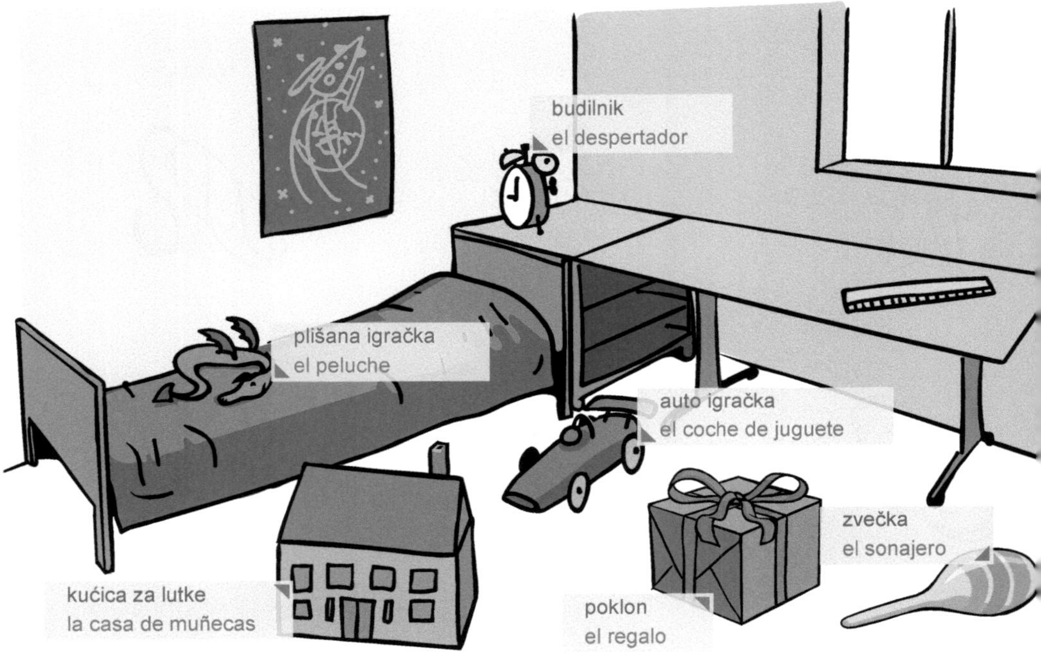

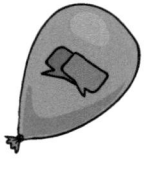

balon

el globo

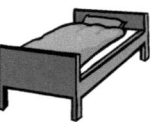

krevet

la cama

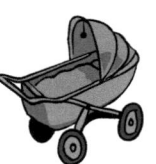

dječija kolica

el cochecito

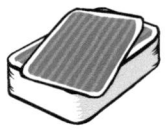

igra s kartama

las cartas

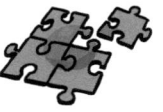

slagalica

el rompecabezas

SUPER MEGA

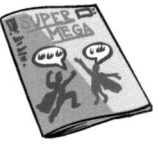

strip

la historieta

lego kockice

las piezas de lego

kockice za slaganje

los ladrillos de juguete

akcioni junak

la figura de acción

benkica za bebe

el enterito (de bebé)

frizbi

el frisbee

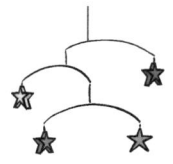

viseće igračke

el móvil para bebés

društvene igre

el juego de mesa

kocka

los dados

minijaturna željeznica

el tren eléctrico

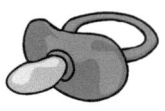

duda

el chupete

zabava

la fiesta

slikovnica

el libro de cuentos ilustrado

lopta

la pelota

lutka

la muñeca

igrati

jugar

pješčanik
el arenero

ljuljačka
la hamaca

igračka
los juguetes

konzola za igre
la consola de videojuegos

tricikl
el triciclo

tedi
el osito de peluche

ormar
el armario

odeća
la ropa

kratke čarape
las medias

čarape
las medias panty

hulahopke
las calzas

šal
la bufanda

kišobran
el paraguas

majica
la remera

kaiš
el cinturón

čizme
las botas

papuče
las pantuflas

patike
las zapatillas

sandale	cipele	gumene čizme
las sandalias	los zapatos	las botas de goma
gaćice	grudnjak	potkošulja
la ropa interior	el corpiño	el chaleco

odeća - la ropa   45

bodi
el body

pantalone
los pantalones

farmerke
los jeans

suknja
la pollera

bluza
la blusa

košulja
la camisa

džemper
el pulóver

džemper s kapuljačom
el buzo

sako
el blazer

jakna
la campera

kaput
el tapado

kabanica
el piloto

kostim
el traje

haljina
el vestido

venčanica
el vestido de novia

odelo
el traje

spavaćica
el camisón

pidžama
el pijama

sari
el sari

marama za glavu
el pañuelo para la cabeza

turban
el turbante

burka
la burka

kaftan
el caftán

abaja
la abaya

kupaći kostim
el traje de baño

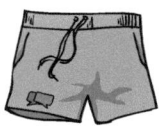

kupaće gaćice
el short de baño

kratke pantalone
los shorts

odeća za trening
el jogging

kecelja
el delantal

rukavice
los guantes

dugme

el botón

naočare

los anteojos

narukvica

la pulsera

ogrlica

el collar

prsten

el anillo

naušnica

el aro

kapa

la gorra

vešalica

la percha

šešir

el sombrero

kravata

la corbata

patent zatvarač

el cierre

kaciga

el casco

naramenice

los tiradores

školska uniforma

el uniforme escolar

uniforma

el uniforme

podbradak
....
el babero

duda
....
el chupete

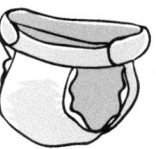

pelena
....
el pañal

kancelarija
la oficina

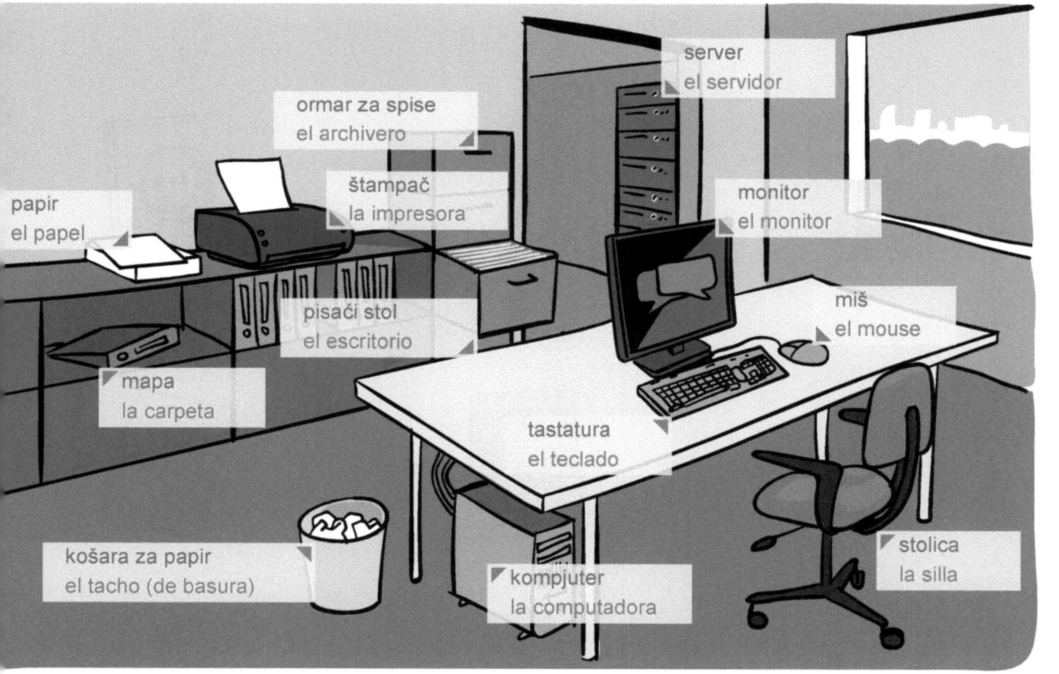

server
el servidor

ormar za spise
el archivero

štampač
la impresora

papir
el papel

monitor
el monitor

pisaći stol
el escritorio

miš
el mouse

mapa
la carpeta

tastatura
el teclado

košara za papir
el tacho (de basura)

kompjuter
la computadora

stolica
la silla

šalica za kavu
....
la taza de café

kalkulator
....
la calculadora

internet
....
el internet

laptop
la laptop

pismo
la carta

poruka
el mensaje

mobilni telefon
el celular

mreža
la red

uređaj za kopiranje
la fotocopiadora

softver
el software

telefon
el teléfono

utičnica
el tomacorriente

faks
el fax

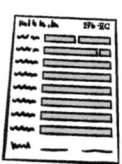

formular
el formulario

dokument
el documento

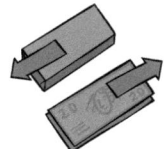

kupovati

comprar

platiti

pagar

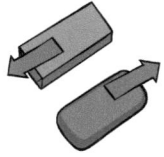

trgovati

hacer negocios

novac

el dinero

dolar

el dólar

evro

el euro

jen

el yen

rublja

el rublo

švajcarski franak

el franco suizo

renmindbi juan

el yuan

rupija

la rupia

automat za novac

el cajero automático

menjačnica

la casa de cambio

zlato

el oro

srebro

la plata

nafta

el petróleo

energija

la energía

cena

el precio

ugovor

el contrato

porez

el impuesto

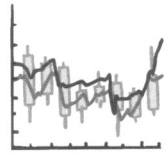

deonica

la acción

raditi

trabajar

službenik

el empleado

poslodavac

el empleador

fabrika

la fábrica

prodavnica

el negocio

policajac
el policía

vatrogasac
el bombero

kuvar
el cocinero

lekar
el médico

pilot
el piloto

vrtlar

el jardinero

stolar

el carpintero

krojačica

la modista

sudija

el juez

hemičar

el farmacéutico

glumac

el actor

vozač autobusa

el colectivero

vozač taksija

el taxista

ribar

el pescador

čistačica

la mucama

krovopokrivač

el techista

konobar

el mozo

lovac

el cazador

slikar

el pintor

pekar

el panadero

električar

el electricista

građevinski radnik

el albañil

inženjer

el ingeniero

mesar

el carnicero

limar

el plomero

poštar

el cartero

vojnik

el soldado

arhitekta

el arquitecto

blagajnik

el cajero

cvećar

el florista

frizer

el peluquero

kondukter

el cobrador

mehaničar

el mecánico

kapetan

el capitán

zubar

el dentista

naučnik

el científico

rabi

el rabino

imam

el imán

monah

el monje

svećenik

el sacerdote

alati
las herramientas

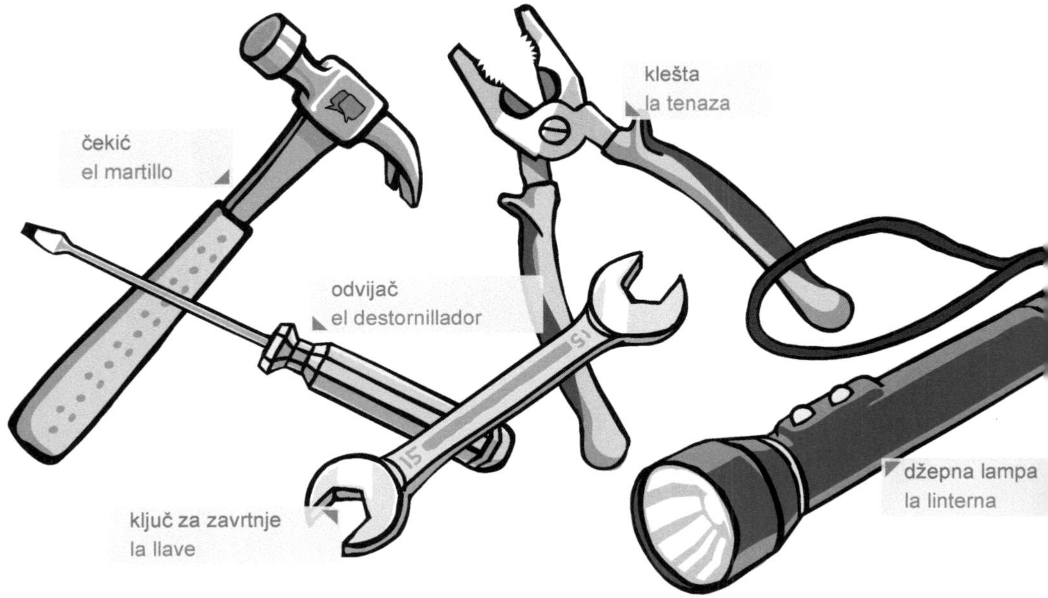

čekić
el martillo
kliješta
la tenaza
odvijač
el destornillador
ključ za zavrtnje
la llave
džepna lampa
la linterna

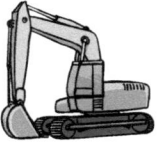

bager

la excavadora

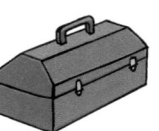

kutija za alat

la caja de herramientas

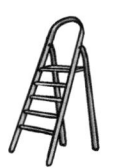

merdevine

la escalera portátil

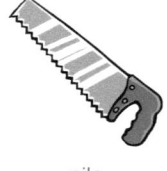

pila

la sierra

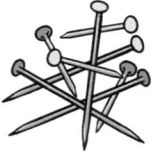

ekser

los clavos

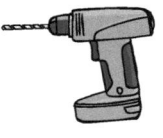

bušilica

el taladro

popraviti

arreglar

lopata

la pala de jardín

do đavola!

¡Qué bronca!

lopatica

la pala de plástico

lonac za boju

el tacho de pintura

zavrtanji

los tornillos

muzički instrument
los instrumentos musicales

zvučnik
el parlante

bubnjevi
la batería

gitara
la guitarra

kontrabas
el contrabajo

truba
la trompeta

klavir

el piano

violina

el violín

bas

el bajo

timpani

los timbales

udaraljke za bubnjeve

el tambor

tipke klavira

el teclado

saksofon

el saxofón

flauta

la flauta

mikrofon

el micrófono

zoološki vrt
el zoológico

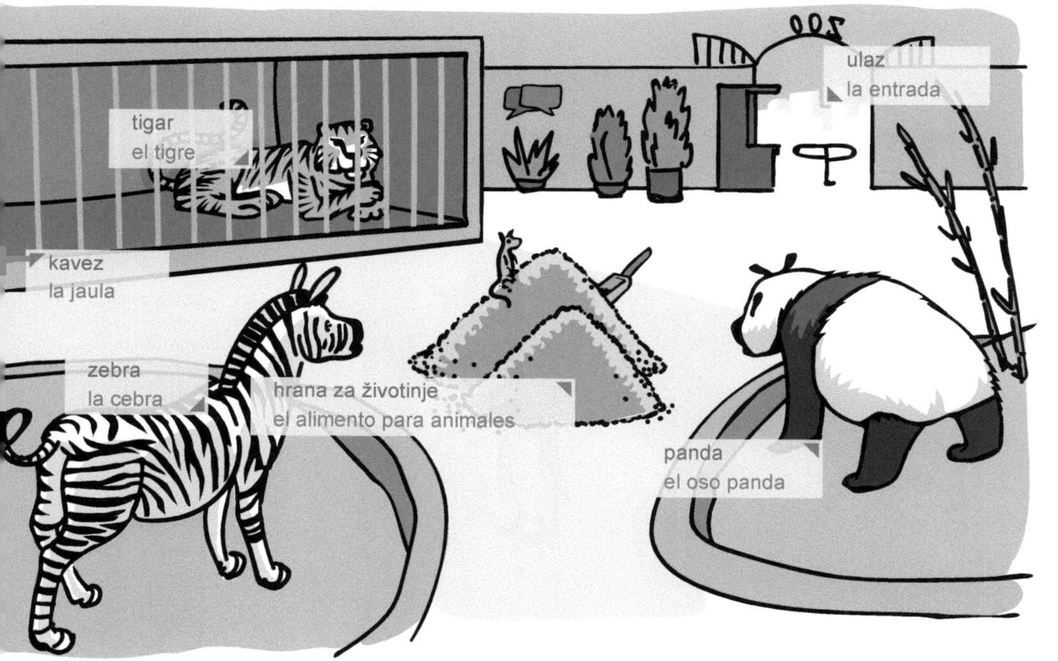

ulaz
la entrada
tigar
el tigre
kavez
la jaula
zebra
la cebra
hrana za životinje
el alimento para animales
panda
el oso panda

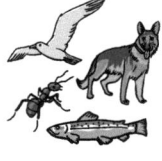

životinje

los animales

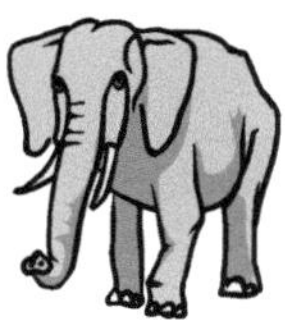

slon

el elefante

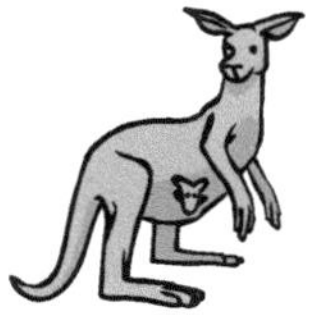

kengur

el canguro

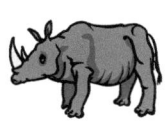

nosorog

el rinoceronte

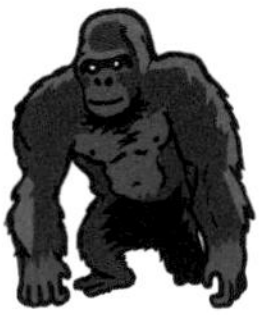

gorila

el gorila

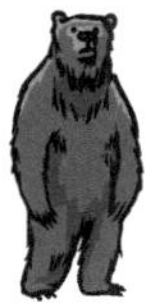

medved

el oso

kamila

el camello

noj

el avestruz

lav

el león

majmun

el mono

flamingo

el flamenco

papagaj

el loro

polarni medved

el oso polar

pingvin

el pingüino

ajkula

el tiburón

paun

el pavo real

zmija

la serpiente

krokodil

el cocodrilo

čuvar u zoološkom vrtu

el cuidador del zoológico

tuljan

la foca

jaguar

el jaguar

poni
el poni

leopard
el leopardo

nilski konj
el hipopótamo

žirafa
la jirafa

orao
el águila

divlja svinja
el jabalí

riba
el pescado

kornjača
la tortuga

morž
la morsa

lisica
el zorro

gazela
la gacela

američki nogomet
el fútbol americano

biciklizam
el ciclismo

tenis
el tenis

košarka
el básquet

plivanje
la natación

boks
el boxeo

hokej na ledu
el hockey sobre hielo

fudbal
el fútbol

badminton
el bádminton

atletika
el atletismo

rukomet
el handball

skijanje
el esquí

polo
el polo

aktivnosti
las actividades

smejati se
reír
skočiti
saltar
zagrliti
abrazar
ići
caminar
pevati
cantar
sanjati
soñar
moliti se
rezar
poljubiti
besar

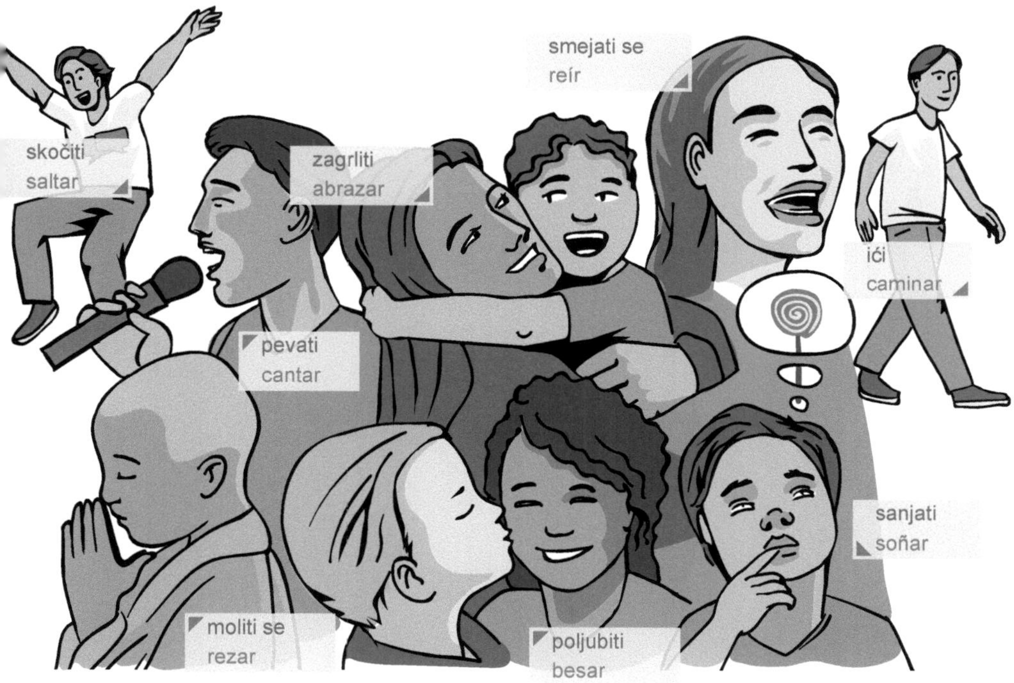

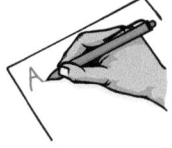

pisati
escribir

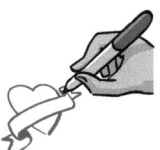

crtati
dibujar

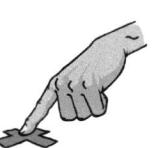

pokazati
mostrar

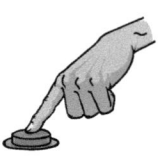

gurati
presionar

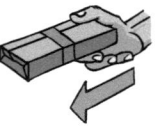

dati
dar

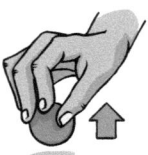

uzeti
tomar

imati
tener

činiti
hacer

biti
ser

stojati
estar parado

trčati
correr

povlačiti
tirar

baciti
tirar

padati
caer

ležati
estar acostado

čekati
esperar

nositi
llevar

sediti
estar sentado

oblačiti
vestirse

spavati
dormir

probuditi se
despertar

gledati

mirar

plakati

llorar

milovati

acariciar

češljati

peinar

govoriti

hablar

razumeti

entender

pitati

preguntar

slušati

escuchar

piti

beber

jesti

comer

pospremiti

ordenar

voleti

amar

kuhati

cocinar

voziti

manejar

leteti

volar

ploviti

navegar

računati

calcular

čitati

leer

učiti

aprender

raditi

trabajar

venčati se

casarse

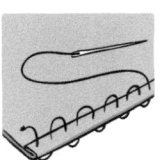

šiti

coser

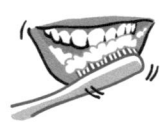

prati zube

cepillarse los dientes

ubiti

matar

pušiti

fumar

poslati

enviar

porodica
la familia

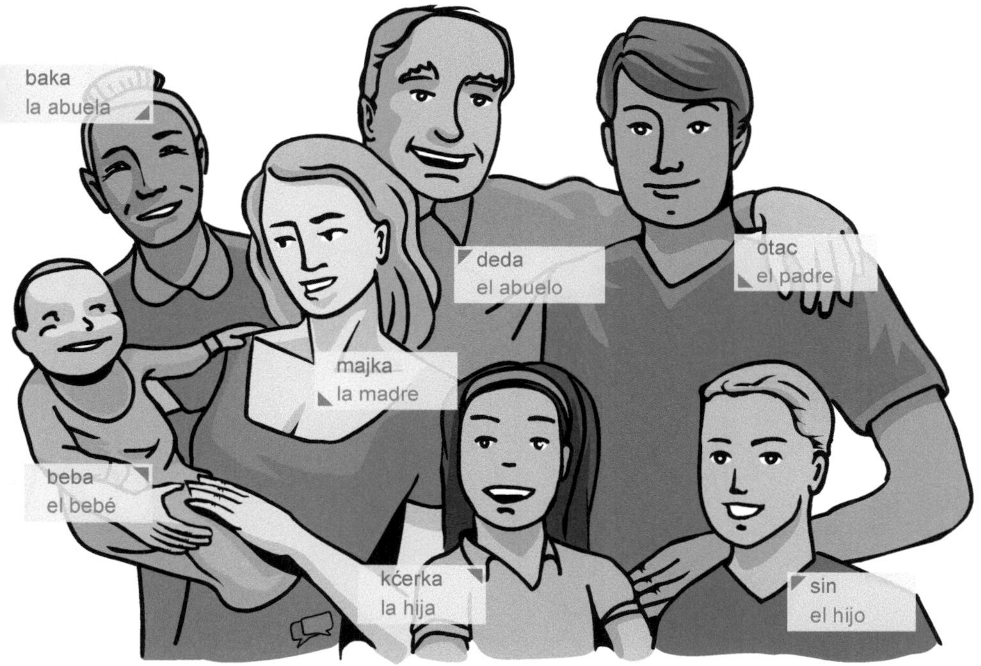
baka
la abuela
deda
el abuelo
otac
el padre
majka
la madre
beba
el bebé
kćerka
la hija
sin
el hijo

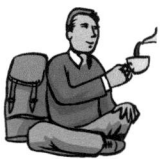

gost
el invitado

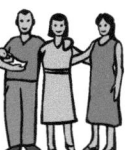

tetka
la tía

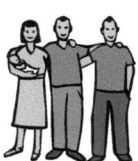

ujak, stric
el tío

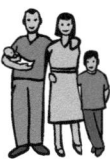

brat
el hermano

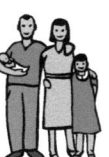

sestra
la hermana

telo

el cuerpo

čelo
la frente
oko
el ojo
rame
el hombro
prst
el dedo
lice
la cara
brada
la pera
ruka
la mano
grudi
el pecho
noga
la pierna
ruka
el brazo

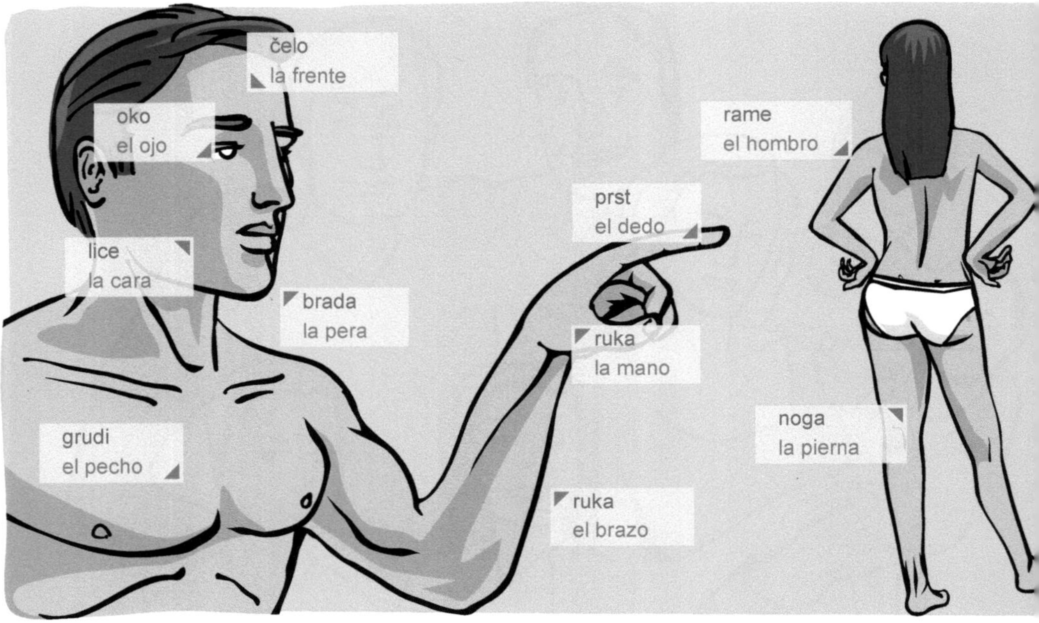

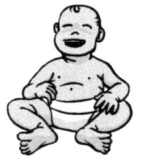

beba
el bebé

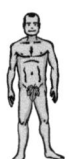

muškarac
el hombre

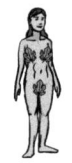

žena
la mujer

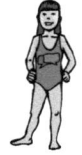

devojčica
la nena

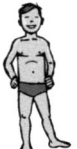

dečak
el nene

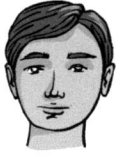

glava
la cabeza

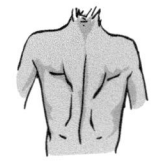

leđa
la espalda

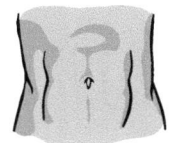

stomak
la panza

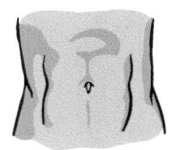

pupak
el ombligo

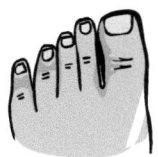

nožni prst
el dedo del pie

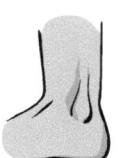

peta
el talón

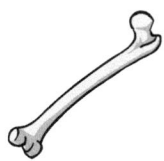

kost
el hueso

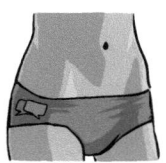

kukovi
la cadera

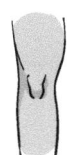

koleno
la rodilla

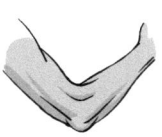

lakat
el codo

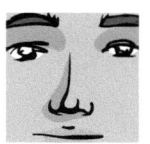

nos
la nariz

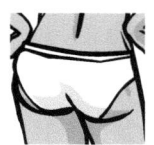

zadnjica
la cola

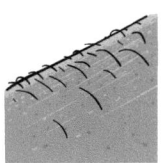

koža
la piel

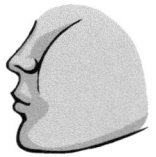

obraz
el cachete

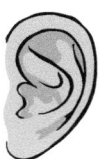

uvo
la oreja

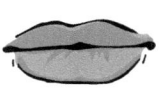

usna
el labio

telo - el cuerpo

usta

la boca

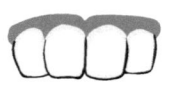

zub

el diente

jezik

la lengua

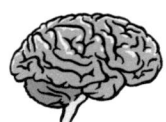

mozak

el cerebro

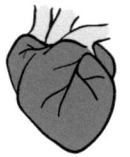

srce

el corazón

mišić

el músculo

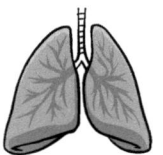

pluća

el pulmón

jetra

el hígado

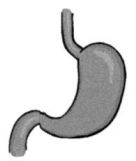

želudac

el estómago

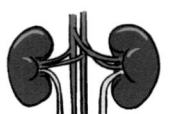

bubrezi

los riñones

polni odnos

el sexo

kondom

el preservativo

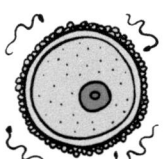

jajna ćelija

el óvulo

sperma

el semen

trudnoća

el embarazo

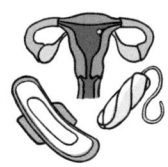

menstruacija
la menstruación

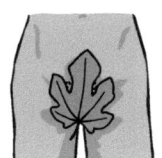

vagina
la vagina

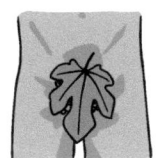

penis
el pene

obrva
la ceja

kosa
el pelo

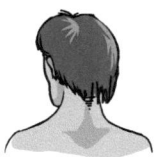

vrat
el cuello

bolnica
el hospital

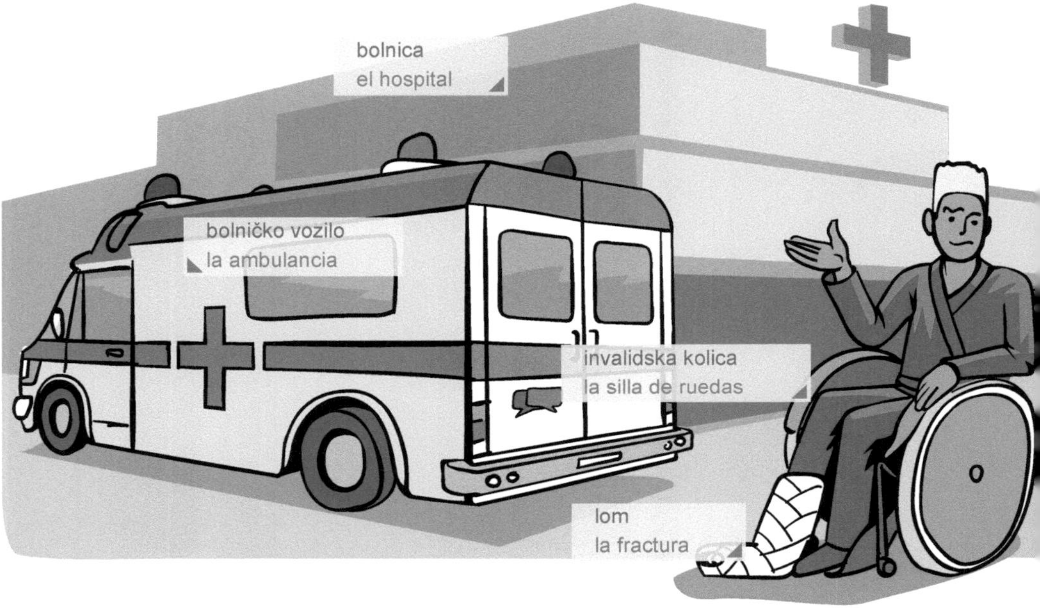

bolnica
el hospital
bolničko vozilo
la ambulancia
invalidska kolica
la silla de ruedas
lom
la fractura

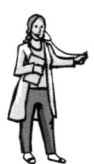

lekar

el médico

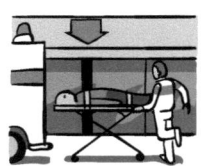

hitna medicinska služba

la sala de guardia

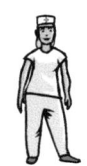

medicinska sestra

la enfermera

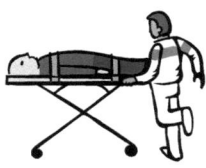

hitni slučaj

la emergencia

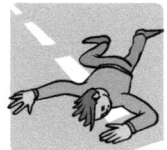

nesvest

inconsciente

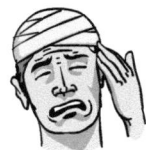

bol

el dolor

povreda

la lesión

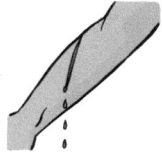

krvarenje

la hemorragia

srčani udar

el infarto

udar

el ACV

alergija

la alergia

kašalj

la tos

groznica

la fiebre

gripa

la gripe

proliv

la diarrea

glavobolja

el dolor de cabeza

rak

el cáncer

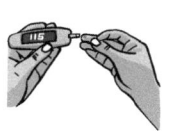

dijabetes

la diabetes

hirurg

el cirujano

skalpel

el bisturí

operacija

la operación

ct
la TC

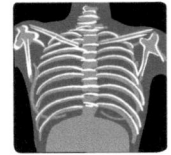

rentgen
los rayos x

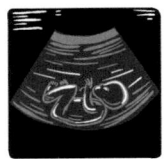

ultrazvuk
la ecografía

maska
el barbijo

bolest
la enfermedad

čekaona
la sala de espera

štaka
la muleta

flaster
la curita

zavoj
la venda

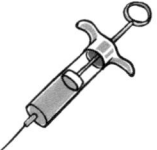

injekcija
la inyección

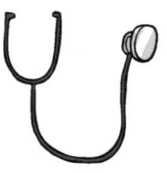

stetoskop
el estetoscopio

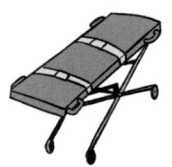

nosila
la camilla

termometar
el termómetro

rođenje
el nacimiento

prekomerna težina
el sobrepeso

slušni aparat
el audífono

sredstvo za dezinfekciju
el desinfectante

infekcija
la infección

virus
el virus

HIV / AIDS
el VIH / SIDA

medicina
el remedio

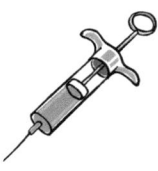

vakcinacija
la vacunación

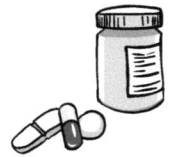

tablete
los comprimidos

pilula
la pastilla anticonceptiva

hitni poziv
llamada de emergencia

uređaj za merenje pritiska
el tensiómetro

bolesno / zdravo
enfermo / sano

pomoć!

¡Ayuda!

alarm

la alarma

nasrtaj

la agresión

napad

el ataque

opasnost

el peligro

izlaz u slučaju nužde

la salida de emergencia

požar!

¡Fuego!

protivpožarni aparat

el matafuego

nezgoda

el accidente

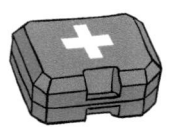

kutija prve pomoći

el botiquín de primeros auxilios

sos

el SOS

policija

la policía

Evropa

Europa

Severna Amerika

América del Norte

Južna Amerika

América del Sur

Afrika

África

Azija

Asia

Australija

Australia

Atlantik

el Atlántico

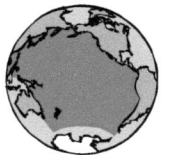

Pacifik

el Pacífico

Indijski okean

el Océano Índico

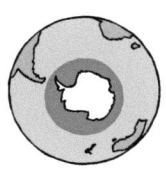

Antarktički okean

el Océano Antártico

Arktički ocean

el Océano Ártico

Severni pol

el polo norte

Južni pol

el polo sur

Antarktik

la Antártida

zemlja

la Tierra

zemlja

la tierra

more

el mar

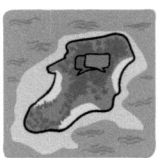

otok

la isla

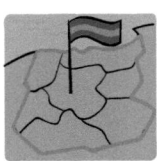

nacija

la nación

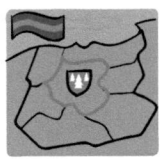

država

el estado

brojčanik sata

la esfera

satna kazaljka

la manecilla de las horas

minutna kazaljka

el minutero

sekundna kazaljka

el segundero

Koliko je sati?

¿Qué hora es?

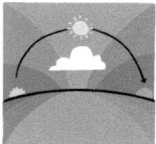

dan

el día

vreme

la hora

sada

ahora

digitalni sat

el reloj digital

minuta

el minuto

čas

la hora

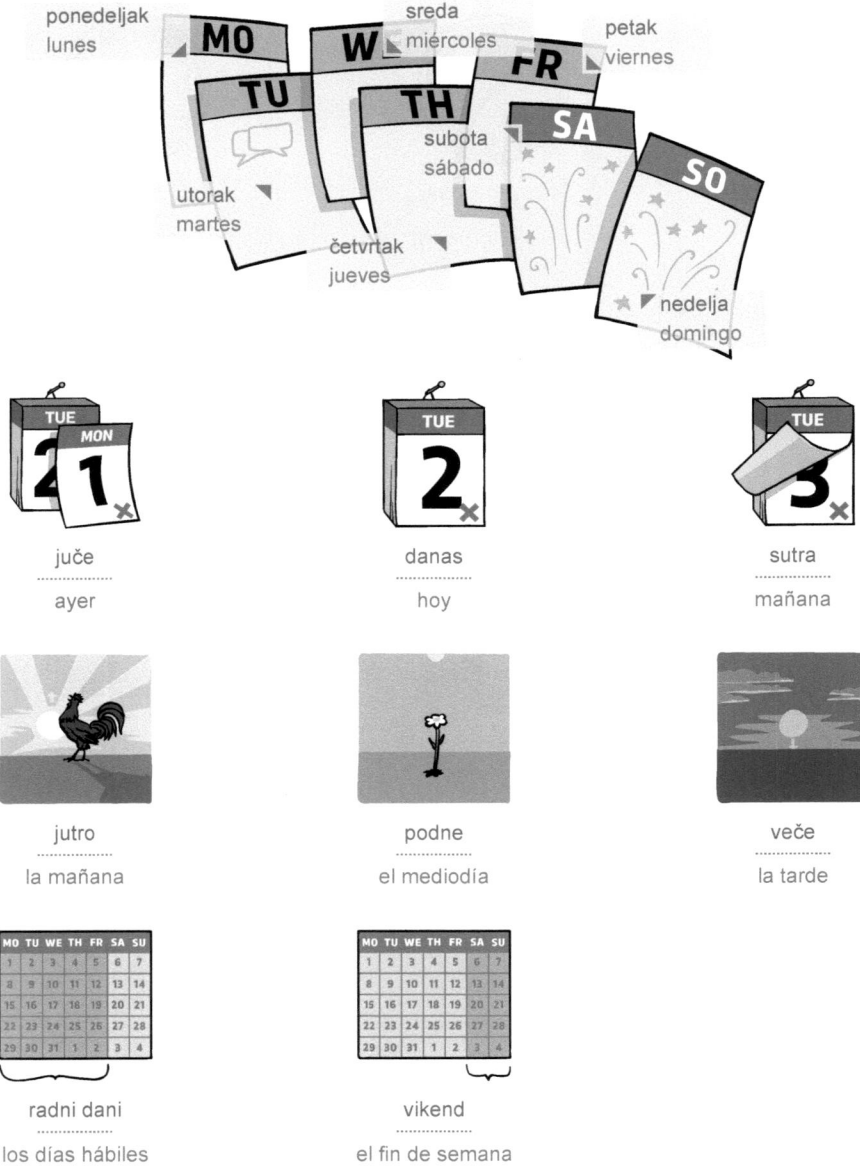

ponedeljak
lunes

MO

TU

utorak
martes

W
sreda
miércoles

TH

četvrtak
jueves

FR
petak
viernes

SA

subota
sábado

SO

nedelja
domingo

juče
ayer

danas
hoy

sutra
mañana

jutro
la mañana

podne
el mediodía

veče
la tarde

MO	TU	WE	TH	FR	SA	SU
1	2	3	4	5	6	7
8	9	10	11	12	13	14
15	16	17	18	19	20	21
22	23	24	25	26	27	28
29	30	31	1	2	3	4

radni dani
los días hábiles

MO	TU	WE	TH	FR	SA	SU
1	2	3	4	5	6	7
8	9	10	11	12	13	14
15	16	17	18	19	20	21
22	23	24	25	26	27	28
29	30	31	1	2	3	4

vikend
el fin de semana

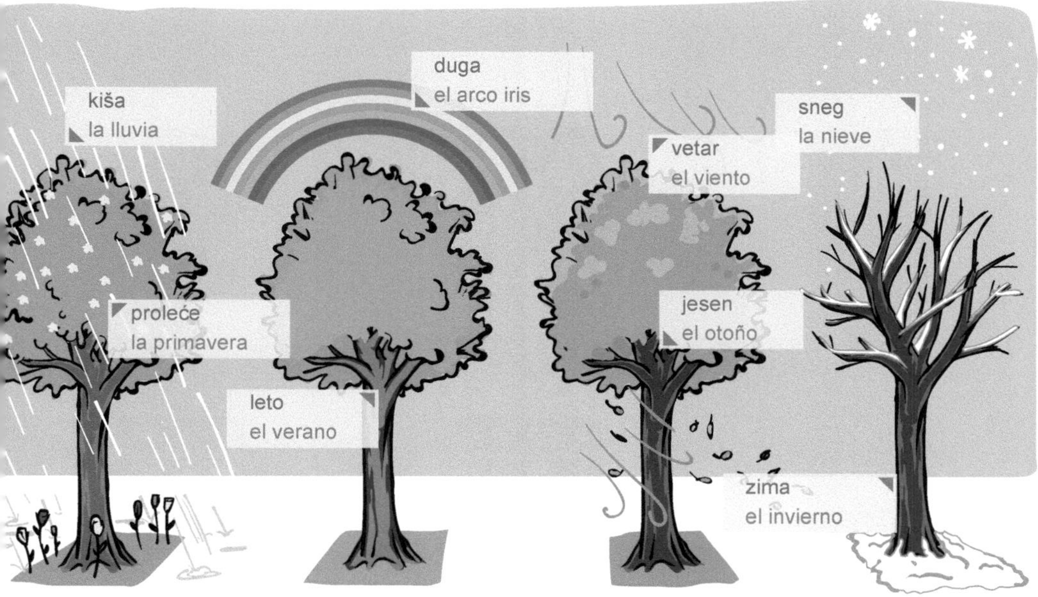

kiša
la lluvia
duga
el arco iris
sneg
la nieve
vetar
el viento
proleće
la primavera
jesen
el otoño
leto
el verano
zima
el invierno

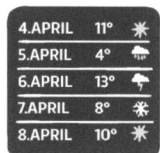

4.APRIL 11°
5.APRIL 4°
6.APRIL 13°
7.APRIL 8°
8.APRIL 10°

neteorološka prognoza

pronóstico meteorológico

F C
120 90 60 30 0 -30
40 30 20 10 0 -10 -20

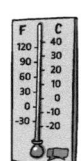

termometar

el termómetro

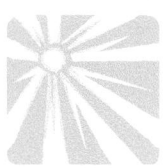

sunčana svetlost

la luz del sol

oblak

la nube

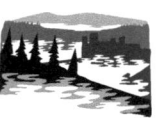

magla

la niebla

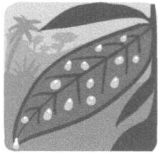

vlažnost vazduha

la humedad

munja
....
el rayo

grmljavina
....
el trueno

oluja
....
la tormenta

tuča
....
el granizo

monsun
....
el monzón

poplava
....
la inundación

led
....
el hielo

januar
....
enero

februar
....
febrero

mart
....
marzo

april
....
abril

maj
....
mayo

juni
....
junio

juli
....
julio

avgust
....
agosto

septembar
....
septiembre

oktobar
....
octubre

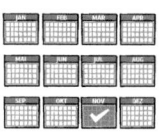

novembar
....
noviembre

decembar
....
diciembre

krug
....
el círculo

kvadrat
....
el cuadrado

pravougao
....
el rectángulo

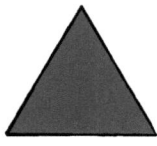

trougao
....
el triángulo

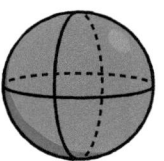

kugla
....
la esfera

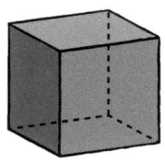

kocka
....
el cubo

bela
....
blanco

žuta
....
amarillo

narandžasta
....
naranja

ružičasta
....
rosa

crvena
....
rojo

ljubičasta
....
violeta

plava
....
azul

zelena
....
verde

smeđa
....
marrón

siva
....
gris

crna
....
negro

mnogo / malo

mucho / poco

ljutito / mirno

enojado / tranquilo

lepo / ružno

lindo / feo

početak / kraj

el principio / el fin

veliko / maleno

grande / chico

svetlo / tamno

claro / oscuro

brat / sestra

l hermano / la hermana

čisto / prljavo

limpio / sucio

potpuno / nepotpuno

completo / incompleto

dan / noć

el día / la noche

mrtvo / živo

muerto / vivo

široko / usko

ancho / angosto

jestivo / nejestivo

comestible / no comestible

zlo / dobro

malo / amable

uzbuđeno / dosadno

entusiasmado / aburrido

debelo / mršavo

gordo / flaco

na početku / na kraju

primero / último

prijatelj / neprijatelj

el amigo / el enemigo

puno / prazno

lleno / vacío

tvrdo / mekano

duro / blando

teško / lagano

pesado / liviano

glad / žeđ

el hambre / la sed

bolesno / zdravo

enfermo / sano

ilegalno / legalno

ilegal / legal

pametno / glupo

inteligente / estúpido

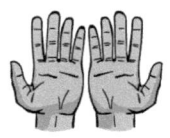

levo / desno

izquierda / derecha

blizu / daleko

cerca / lejos

novo / polovno
nuevo / usado

ništa / nešto
nada / algo

staro / mlado
viejo / joven

uključeno / isključeno
encendido / apagado

otvoreno / zatvoreno
abierto / cerrado

tiho / glasno
silencioso / ruidoso

bogato / siromašno
rico / pobre

tačno / pogrešno
correcto / incorrecto

hrapavo / glatko
áspero / suave

tužno / sretno
triste / contento

kratko / dugo
corto / largo

polako / brzo
lento / rápido

mokro / suho
mojado / seco

toplo / hladno
caliente / frío

rat / mir
guerra / paz

0

nula

cero

1

jedan

uno

2

dva

dos

3

tri

tres

4

četiri

cuatro

5

pet

cinco

6

šest

seis

7

sedam

siete

8

osam

ocho

9

devet

nueve

10

deset

diez

11

jedanaest

once

12

dvanaest

doce

13

trinaest

trece

14

četrnaest

catorce

15

petnaest

quince

16

šestnaest

dieciséis

17

sedamnaest

diecisiete

18

osamnaest

dieciocho

19

devetnaest

diecinueve

20

dvadeset

veinte

100

stotinu

cien

1.000

hiljadu

mil

1.000.000

milion

el millón

brojevi - los números

engleski

el inglés

američki engleski

el inglés americano

mandarinski kineski

el chino mandarín

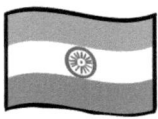

hindski

el hindi

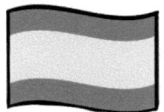

španski

el español

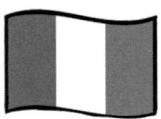

francuski

el francés

arapski

el árabe

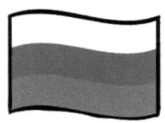

ruski

el ruso

portugalski

el portugués

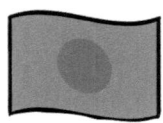

bengalski

el bengalí

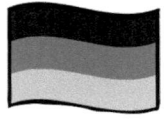

nemački

el alemán

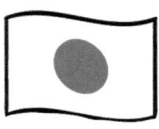

japanski

el japonés

ja
yo

ti
vos

on / ona / ono
él / ella

mi
nosotros

vi
ustedes

oni
ellos

Ko?
¿quién?

Šta?
¿qué?

Kako?
¿cómo?

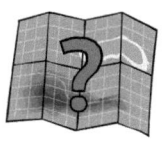

Gde?
¿dónde?

Kada?
¿cuándo?

ime
el nombre

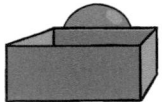

iza

detrás

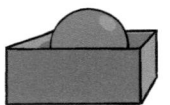

u

en

ispred

adelante de

preko

por encima de

na

sobre

ispod

debajo de

pored

al lado de

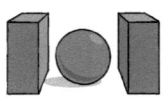

između

entre

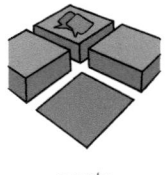

mesto

el lugar